Impressum
Verlag: BABADADA GmbH, Nedderfeld 112 , 22529 Hamburg
Geschäftsführer / Verlagsleitung: Harald Hof
Druck: Books on Demand GmbH, In de Tarpen 42, 22848 Norderstedt

Imprint
Publisher: BABADADA GmbH, Nedderfeld 112 , 22529 Hamburg, Germany
Managing Director / Publishing direction: Harald Hof
Print: Books on Demand GmbH, In de Tarpen 42, 22848 Norderstedt

ishure
classroom

kugabura
divide

186/2

urubaho
board

ikibuga c' ishure
school yard

umwigisha
teacher

urukaratasi
paper

kwandika
write

ikaramu
pen

ameza yo kwandikirako
desk

agacamurongo
ruler

igitabo
book

umunyeshure
pupil

isakoshi y'' ishure

satchel

agasaho k' amakaramu

pencil case

ikaramu y igiti

pencil

agasongozo k ikaramu y
igiti

pencil sharpener

igome

rubber

ikaye yo gucapamwo

drawing pad

igicapo

drawing

ikaramu bacapisha irangi

paintbrush

agasandugu kamabara

paint box

imikasi

scissors

kore

glue

ikaye y' imyimenyerezo

exercise book

imyimenyerezo yo muhira

homework

igiharuro

number

guteranya

add

gukuramwo

subtract

kugwiza

multiply

guharura

calculate

urudome

letter

indome

alphabet

ijambo

word

igisomwa

text

gusoma

read

ingwa

chalk

icigwa

lesson

igitabo c' ishure

register

ikibazo

examination

impamyabushobozi

certificate

impuzu y' ishure

school uniform

kwiga

education

kazinduzi

encyclopedia

kaminuza

university

mikorosikopi

microscope

ikarata

map

agaseke bajugunyamo
amakaratasi

waste-paper basket

ihoteli
hotel

ihoteli ntoya
hostel

ku bavunjayi
currency exchange office

isandugu
suitcase

umuduga
car

ururimi

language

ego / oya

yes / no

ego

Okay

amahoro!

hello

umuntu asigura

translator

ndashimye

Thank you

**ni angahe?**

how much is…?

**sindabitahura**

I don´t get it

**ingorane**

problem

**mwiriwe!**

Good evening!

**mwaramutse**

Good morning!

**ijoro ryiza!**

Good night!

**nakagaruka**

goodbye

**inzira**

direction

**imizigo**

luggage

**igapo**

bag

**isaho baheka mu mugongo**

backpack

**umushitsi**

guest

**icumba**

room

**umufuko wo kuraramo mu rugendo**

sleeping bag

**ihema**

tent

**kumenyesha ingenzi**

tourist information

**ku musenyi**

beach

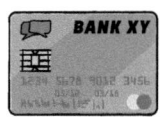

**ikarata y' amahera**

credit card

**ifunguro rya mugatondo**

breakfast

**ifunguro ryo ku murango**

lunch

**ifunguro ry 'ijoro**

dinner

**itike**

Ticket

**ingazi y' umuyagankuba**

elevator

**umukono**

stamp

**umupaka**

border

**duwane**

customs

**ubuserukizi bw' igihugu**

embassy

**viza**

visa

**pasiporo**

passport

indege
airplane

ubwato bunini
ship

kizimyamwoto
fire truck

ikamyo
truck

ibisi
bus

ubwato bw' imoteri
motorboat

igare
bike

umuduga
car

ubwato bunini

ferry

ubwato

boat

ipikipiki

motorbike

umuduga w' igipolisi

police car

umuduga wa kuruse

racing car

umuduga bakodesha

rental car

gukoresha imodoka imwe
muri benshi
car sharing

uruduga ruheka izindi

tow truck

umuduga utwara umucafu

garbage truck

imoteri

engine

igitoro

fuel

ubunywero bw'ibitoro

fuel station

ibirango vyo ku mabarabara

traffic sign

uruja n' uruza

traffic

akajagari k' imiduga mw'
ibarabara

traffic jam

igituro c' imiduga

parking lot

igituro ca gari ya moshi

train station

ibarabara rya gari ya moshi

tracks

gari ya moshi

train

gari ya moshi bita tram

tram

igipande ca gari ya moshi

wagon

kajugujugu

helicopter

ikibuga c' indege

airport

umunara

tower

ingenzi

passenger

konteneri

container

ikarato

carton

isharete

cart

icibo

basket

kuguruka / kugwa

take off / land

## igisagara

## city

umutumba

village

hagati mu gisagara

city center

inzu

house

ireresi
movie theater

kumenyekanisha
advert

itara ryo kw' ibarabara
street light

ibarabara
street

itagisi
taxi

kioske
snack shop

umunyamaguru
pedestrian

ikibanza c' abanyamaguru
sidewalk

imirongo yo mw'ibarabara y'abanyamaguru
zebra crossing

ubere yo kw'ibarabara
dumpster

amatai   kujabuka   ara ayobora imiduga n' ingenzi
traffic l   crossing

akazu k' ikirundi
hut

aparitema
apartment

igituro ca gari ya moshi
train station

meri
city hall

iratiro ry' ivyakera
museum

ikigo c' amashure
school

**kaminuza**

university

**ibanki**

bank

**ibitaro**

hospital

**ihoteli**

hotel

**farumasi**

pharmacy

**ibiro**

office

**aho badandaza ibitabo**

book shop

**akaduka**

shop

**umudandaza w'amashugwe**

flower shop

**supermarshe**

supermarket

**isoko**

market

**iduka**

department store

**umudandaza w' amafi**

fishmonger's shop

**ihuriro ry'amaduka**

mall

**ikivuko**

harbor

**ikibanza batemberamwo**

park

**intebe ndende**

bench

**ikiraro**

bridge

**ingazi**

stairs

**gari ya moshi bita métro**

subway

**ibarara ry' indani y' isi**

tunnel

**igituro c' amabisi**

bus stop

**ubunywero**

bar

**resitora**

restaurant

**ahaja amakete**

postbox

**ikirango co kw' ibarabara**

street sign

**isaha yo ku gituro c' imiduga**

parking meter

**iratiro ry' ibikoko**

zoo

**pisine**

swimming pool

**umusigiti**

mosque

ubwororero
farm

konona ibidukikije
pollution

akaburi
cemetery

kw'isengero
church

ikibuga
playground

inyubako za kera bita
temple
temple

## imisozi

## landscape

ikibabi
leaf

ivyapa
signpost

inzira
path

ubwatsi bita gazon
meadow

ibuye
stone

igiti
tree

umuntu atembera kure n' amaguru
hiker

uruzi
river

ubwatsi
grass

ishugwe
flower

**ikiyaya**

valley

**umusozi**

hill

**ikiyaga**

lake

**ishamba**

forest

**ubugaragwa**

desert

**ikirunga**

volcano

**ishato**

castle

**umunywamazi**

rainbow

**ikizinu**

mushroom

**ikigazi**

palm tree

**umubu**

mosquito

**isazi**

fly

**urutozi**

ant

**uruyuki**

bee

**igitangurigwa**

spider

agakoko gato bita
coléoptère

beetle

igikere

frog

agakoko bita écureuil

squirrel

ikinyogote

hedgehog

urukwavu

hare

igihuna

owl

inyoni

bird

imbata

swan

ingurube y' ishamba

boar

idubu

deer

igikoko bita élan

moose

urugomero

dam

icuma gitanga
umuyagankuba

wind turbine

ikimuri c' imishwarara

solar panel

igihe

climate

umukozi wo muburiro n'ubunywero
waiter

ikarata y' indya
menu

intebe
chair

isupu
soup

piza
pizza

igitambara c' ameza
tablecloth

ibikoresho vyo kumeza
cutlery

indya y' ibanze

starter

indya nkuru

main course

deseri

dessert

inyobwa

drinks

infungugwa

food

icupa

bottle

infungugwa batekanye ingoga
................
fast food

infungugwa barya bagenda
................
street food

ibirika y' icayi
................
teapot

agakopo k' isukari
................
sugar bowl

igipande c' indya
................
portion

imachini ikora espresso
................
espresso machine

intebe ndende
................
high chair

inyemazabuguzi
................
bill

ako batwarako infungugwa
................
tray

imbugita yo kumeza
................
knife

ikanya
................
fork

ikiyiko
................
spoon

akayiko k' icayi
................
teaspoon

seriviyeti
................
serviette

ikirahuri
................
glass

isahani

plate

isahani y' isupu

soup plate

isutasi

saucer

isosi

sauce

akanyanyagiza umunyu ku ndya

salt shaker

agasya ipiripiri

pepper mill

vinaigre

vinegar

amavuta

oil

indyoshandya

spices

kecapu

ketchup

mutaride

mustard

mayoneze

mayonnaise

ivyagabanyijwe igiciro
special offer

umuguzi
customer

ibiva ku mata
dairy products

icamwa
fruit

agakinga ko mw' iduka
shopping cart

amacuniro

butcher's shop

iburangeri

bakery

gupima

weigh

imboga

vegetables

inyama

meat

Imfungurwa zikanye cane

frozen food

infungugwa bita charcuterie
en tranches

cold cuts

amafunguro yo mu
mabwate

canned food

isabune yo kumesura

detergent

ibisosa

candy

ibikoresho vyo muhira

household products

ibikoresho vy'isuku

cleaning products

umudandaza

sales representative

kese

cash register

umuntu yakira amahera

cashier

urutonde rw' ibidandazwa

shopping list

amasaha yo kugurura

opening hours

ingodomoni

wallet

ikarata y' amahera

credit card

isakoshe

bag

ishakoshe ya parastike

plastic bag

amazi

water

umutobe

juice

amata

milk

koka

coke

umuvinyo

wine

ikiyeri

beer

inzoga

alcohol

kakao

cocoa

icayi

tea

ikawa

coffee

ikawa yitwa espresso

espresso

ikawa yitwa kapucino

cappuccino

umuhwi

banana

ipome

apple

umucungwe

orange

icamwa bita melon

melon

indimu

lemon

ikaroti

carrot

igitungurusumu

garlic

umugano

bamboo

igitunguru

onion

ikizinu

mushroom

ibiyoba

nuts

amakaroni

noodles

spagetti

spaghetti

umuceri

rice

isarade

salad

ifiriti

fries

ifiriti

fried potatoes

piza

pizza

hamburugere

hamburger

sandwich

sandwich

infungugwa bita escalope

escalope

jambo

ham

salami

salami

isosiso

sausage

inyama y' inkoko

chicken

umusoso

roast

ifi

fish

infungugwa bita flocons d'
avoine

porridge oats

imfungugwa bita müsli

muesli

infungugwa bita corn -
flakes

cornflakes

ifarini

flour

umukate bita croissant

croissant

umukate muto

bread roll

umukate

bread

umukate bashusha

toast

ibisuguti

cookies

amavuta

butter

iforomaji yera

curd

igato

cake

irigi

egg

amafunguro bita oeuf au
plat

fried egg

iformaji

cheese

infungugwa bita crème
glacée

ice cream

isukari

sugar

ubuki

honey

ikonfitire

jelly

imfungugwa bita praliné

nougat cream

infungugwa bita curry

curry

ikigo c' ubworozi
farm house

inzu y' ubwatsi bw' ibitungwa
barn

ubwatsi bashize hamwe
straw bale

umurima
field

ifarasi
horse

rukururana
trailer

itingatinga
tractor

ifarasi ntoyi
foal

indogoba
donkey

intama
sheep

umwagazi w' intama
lamb

impene

goat

inka

cow

inyana

calf

ingurube

pig

ikibuguru

piglet

impfizi

bull

inyoni yitwa oie

goose

imbata

duck

umuswi

chick

inkokokazi

hen

isake

cockerel

imbeba nini

rat

akayabu

cat

imbeba

mouse

ishuri

ox

imbwa

dog

umusaka w'imbwa

dog house

umuringoti wo kuvomerera
umurima

garden hose

ico bakoresha basukira
amashurwe

watering can

urukero

scythe

majagu

plow

umuhoro
sickle

isuka
hoe

ikinyanyagiza ibitabizo irya n'ino
pitchfork

ishoka
axe

inkorofani
pushcart

ubwato
trough

icansi
milk can

umufuko
sack

urugo
fence

indaro y' ibitungwa
stable

utuzu bashusha kugirango ibimera birimwo bikure
greenhouse

isi
soil

imbuto
seed

ifumbire
fertilizer

imashini yimbura
combine harvester

kwimbura

harvest

umwimbu

harvest

infungugwa bita igname

yams

ingano

wheat

isoya

soya

ikiraya

potato

ikigori

corn

ubwoko bw' ingano bita
colza

rapeseed

igiti c' ivyamwa

fruit tree

imyumbati

manioc

ibinyantete

grain

inzira y' umwotsi
chimney

igisenge
roof

umureko
downspout

idirisha
window

igarage
garage

ikengeri
doorbell

umuryango
door

igiseke c' umucafu
trash can

agasandugu k'amakete
mailbox

umurima
garden

isaro

living room

ubwogero

bathroom

igikoni

kitchen

icumba co kuraramo

bedroom

icumba c' umwana

kids room

uburiro

dining room

hasi

floor

uruhome

wall

igisenge c' inzu

ceiling

kave

cellar

sauna

sauna

ibaraza

balcony

ibaraza

terrace

aho bogera

pool

itondezi

lawn mower

igikaratasi

sheet

uburengeti

bedspread

uburiri

bed

umweyerezo

broom

indobo

bucket

akabuto

switch

igisharizo
wallpaper

isanamu
picture

itara
lamp

akabati
shelf

akabati
cabinet

igicaniro
fireplace

imboneshakure
television

ishugwe
flower

umusagamiro
cushion

ifoteyi
sofa

ivaze
vase

terekomande
remote control

itapi
carpet

irido
drape

ameza
table

intebe
chair

intebe icundera
rocking chair

ifoteyi
armchair

igitabo

book

ikirengeti

blanket

ibitako

decoration

inkwi

firewood

ireresi

film

ivyuma vy' umuziki

stereo system

urufunguruzo

key

ikinyamakuru

newspaper

gusiga amarangi

painting

isanamu nini

poster

insamirizi

radio

ikaye ndangaminsi

notebook

asipirateri

vacuum cleaner

icimera bita cactus

cactus

ibuji

candle

ifirigo
fridge

icuma gishusha infungugwa
microwave oven

umunzane w'imfungugwa
kitchen scales

icuma gishusha umukate
toaster

isabune y'amazi
laundry detergent

imashini iteka
stove

ahakanyisha cane
freezer

igiseke c' umucafu
trash can

isabune yo koza ibirisho
dishwasher

ishiga

cooker

isafuriya

pot

isafuriya y' icuma

cast-iron pot

ipanu bita wok

wok / kadai

ipanu

pan

akuma gashusha amazi

kettle

isafuriya itekesha umuhisha

steamer

ico bakorerako imikate

baking tray

ibirisho

crockery

igikombe

mug

ibakure

bowl

uduti two kurisha

chopsticks

icaruzo c' isupu

ladle

ikimamiro

spatula

agakubitisho

whisk

imashini isya ibifungurwa

strainer

akayunguruzo

sieve

agakatakata imfungugwa

grater

agasekuro

mortar

icokerezo

barbecue

urucaniro

fireplace

**urubaho rwo gukatirako**

chopping board

**akabaho bakoresha spageti**

rolling pin

**urupfunguzo rw'umuvinyu**

corkscrew

**agasandugu**

can

**urupfunguzo rw'agasandugu**

can opener

**ivyo gufatisha isafuriya ishushe**

oven cloth

**icogerezo**

sink

**uburoso**

brush

**ivyogesho**

sponge

**imigiseri**

blender

**frigo nini ikanyisha cane**

deep freezer

**bibero**

baby bottle

**ivomo**

tap

imashini ishusha mu nzu
heating

kwoga
shower

isume
towel

rido yo muri dushe
shower curtain

koga mu mazi arimwo ifuro ryinshi
bubble bath

benywari
bathtub

ikirahuri
glass

imashini imesura
washing machine

ivomo
tap

amategura
tiles

agasafuriya
potty

icogerezo
sink

Akazu ka surwumwe

toilet

akazu ka surwumwe
k'ikirundi

squat toilet

akantu gatoya bogeraho

bidet

aho basoba

urinal

ibikaratase vyo kwi sukuza
mu nzu ya surwumwe

toilet paper

uburoso bwoza akazu ka
surwumwe

toilet brush

umujigiti

toothbrush

umuti wo koza amenyo

toothpaste

utugozi two gusukura
amenyo

dental floss

koza

wash

ikinyuko

hand shower

ubwoko bwa dushe

douche

ico bakarabiramo intoki

basin

uburoso busukura mu
mugongo

back brush

isabune

soap

isabuni yo kwoga

shower gel

shampo

shampoo

agatambara ko kwisukura

flannel

umuringoti

drain

amavuta yo kwisiga

creme

iparufe yo mu kwaha

deodorant

icirore

mirror

icirore

hand mirror

imashini imwa ubwanwa

razor

ifuro ryo kumwa ubwanwa

shaving foam

umuti basiga aho bamoye

aftershave

igisokozo

comb

uburoso

brush

akuma kumutsa umushatsi

hair-dryer

amavuta bapuriza mu mushatsi

hairspray

ibikoresho vyo kwipodora

makeup

amavuta afise ibara yo k'umunywa

lipstick

verni y'inzara

nail varnish

ipampa

cotton wool

umukasi uca inzara

nail scissors

iparufe

perfume

agasaho k' ivyo kwisukura
ku rugendo
..................
washbag

agatebe
..................
stool

umunzane
..................
weighing scales

penywari
..................
bathrobe

udufuko tw' intoke iyo
bakora isuku
..................
rubber gloves

kotegisi
..................
tampon

kotegisi
..................
sanitary towel

ubwoko bw'akazu ka
surwumwe
..................
chemical toilet

isaha ivyura
alarm clock

agakoko k' agapupe
cuddly toy

ikijuwe c' umuduga
toy car

ikijuwe c' ibibondo bita hochet
rattle

inzu badandaza amapupe
doll's house

akaganuke
present

igipurizo

balloon

uburiri

bed

stroller

urukino rw' ikarata

deck of cards

urukino bita puzile

jigsaw

ibitabo vy' amashusho

comic

**urukino bita lego**

lego bricks

**ibijuwe vyo kubaka**

toy blocks

**ipupe**

action figure

**impuzu yo kurarana y abana**

romper suit

**urukino bita frisbi**

frisbee

**udukinisho two ku buriri bw' ibibondo**

mobile

**urukino rwo kumeza**

board game

**agakinisho bita de**

dice

**gari ya moshi z' ibikinisho**

model train set

**madanganya**

pacifier

**umunsi mukuru**

party

**igitabo c' ibicapo**

picture book

**umupira**

ball

**igipupe**

doll

**gukina**

play

umusenyi abana
bakiniramwo

sandpit

uruvuma

swing

ikijuwe

toys

urukino nyabwonko

video game console

ikinga ry'amapine atatu

tricycle

igikoko bita ours c 'ikijuwe

teddy bear

akabati k' impuzu

wardrobe

## impuzu
## clothing

amashesheti

socks

amashesheti maremare

stockings

ubwoko bw'impuzu zifata
kandi zigaruka cane

tights

furari
scarf

umwumvuri
umbrella

agapira kadafise amabo
t-shirt

umusipi
belt

ibirato biduga kumurundi
boots

ibirato vyo mu nzu
slippers

ibirato vya tenis
sneakers

isandari
sandals

ibirato
shoes

ingamiya
rubber boots

imwesho
underwear

isutiye
bra

isengeri
undershirt

impuzu - clothing

45

impuzu z' imbere

body

ipantaro

pants

ijinisi

jeans

ijipo

skirt

agashati koroshe kabagore

blouse

ishati

shirt

umupira w' imbeho

pullover

umupira w'imbeho ufise
inkofero

sweater

blazeri

blazer

ikoti

jacket

ikoti rirerire

coat

ikoti y'imvura

raincoat

kositime

costume

ikanzu

dress

ikazu y'umugeni

wedding dress

kositime
suit

ikanzu yo kurarana
nightgown

impuzu z' ijoro
pajamas

imvutano z'abahindi
sari

igitambara co mu mutwe
headscarf

igitambara co mu mutwe
bita turban
turban

impuzu z' abasiramukazi
burka

ikanzu bita kaftan
kaftan

impuzu y' abasiramu
abaya

impuzu yo kogana
swimsuit

impuzu yo kwogana
y'abagabo
trunks

imwesho
shorts

itereningi
tracksuit

itaburiya
apron

udufuko tw' intoke
gloves

igifungo

button

amarori

glasses

igikomo

bracelet

akadede

necklace

impeta

ring

ihereni

earring

inkofero

cap

porutemanto

coat hanger

inkofero

hat

karavate

tie

imashini

zip

inkofero yo kwikingira

helmet

imisipi

braces

impuzu y' ishure

school uniform

umwambaro rusangi
w'ahantu

uniform

utwo bambika ibibondo iyo birya
.............
bib

madanganya
.............
pacifier

iranje
.............
diaper

seriveri
server

akabati k' ivyangombwa
filing cabinet

empirimante
printer

ekra
monitor

urukaratasi
paper

ameza yo kwandikirako
desk

suri
mouse

ico bashiramwo ivyangombwa
folder

karaviye
keyboard

aseke bajugunyamo amakaratasi
ste-paper basket

nyabwonko
computer

intebe
chair

igikombe c' ikawa
.............
coffee mug

imashini iharura
.............
calculator

ubuhinga ngurukanabumenyi
internet

inyabwonko ngendanwa

laptop

ikete

letter

ubutumwa

message

telefoni ngendanwa

cell phone

rezo

network

fotokopiyeze

photocopier

rojisiyeri

software

telefoni

telephone

purize

plug socket

fagisi

fax machine

urukaratasi rwo kuzuza

form

icangombwa

document

kugura

buy

kuriha

pay

kudandaza

trade

amahera

money

idorari

dollar

iyero

euro

iyene

yen

amahera y' abarusiya

rouble

amahera y' abasuwisi

Swiss franc

amahera bita renmimbi yuan

renminbi yuan

amahera bita rupi

rupee

icuma gitanga amahera

cash point

ku bavunjayi

currency exchange office

inzahabu

gold

umujumbu

silver

ipeteroli

oil

inguvu

energy

ikiguzi

price

amasezerano

contract

amakori

tax

igice

stock

gukora

work

umukozi

employee

umukoresha

employer

ihinguriro

factory

akaduka

shop

**umupolisi**
police officer

**umukozi ajejwe kuzimya umuriro**
fireman

**umuboyi**
cook

**umuganga**
doctor

**umudereva w' indege**
pilot

umukozi akora murikarima

gardener

umubaji

carpenter

umushonyi

seamstress

umucamanza

judge

umuhinga mu vya chimie

chemist

umukinyi w'amareresi

actor

umudereva w' ibisi

bus driver

umudereva w' itagisi

taxi driver

umurovyi

fisherman

umuzezwanzukazi

cleaning lady

sharupantiye

roofer

umukozi wo muburiro n'ubunywero

waiter

umuhigi

hunter

umufundi w' amarangi

painter

umuntu akora imikate

baker

umufundi w' amatara

electrician

umwubatsi

builder

enjeniyeri

engineer

umuyangayanga

butcher

umufundi w' amazi

plumber

umuparanto

postman

**umusoda**

soldier

**umuntu acapa inyubako**

architect

**umuntu yakira amahera**

cashier

**umukozi ajejwe amashugwe**

florist

**kimyozi**

hairdresser

**kontororeri**

conductor

**umufundi w' imiduga**

mechanic

**umudereva w' ubwato**

captain

**umuganga w' amenyo**

dentist

**umuhinga mu vya siyansi**

scientist

**umuhinga mu bayahudi bita rabi**

rabbi

**imame**

imam

**umuvugiramana**

monk

**umuvugiramana**

pastor

inyundo
hammer

ipensi
pliers

turunevisi
screwdriver

urufunguruzo
wrench

isitimu
torch

tingatinga
excavator

isaho y' ibikoresho
toolbox

ingazi
ladder

umusumeno
saw

imisumari
nails

icuma bita foreuse
drill

gukora
repair

igipawa
shovel

asyi!
Damn!

agaterura umucafu
dustpan

indobo y' irangi
paint can

ivis
screws

## ivyuma vyo gucuraranga
## musical instruments

icuma bita Haut parleur
loud speaker

icuma ca musika bita batterie
drum set

igitari
guitar

icuma ca musika bita contrebasse
double bass

icuma ca musika bita trompette
trumpet

icuma ca musika bita piano

piano

icuma ca musika bita violon

violin

gitare icuranga Bass

bass

icuma ca musika bita
timbale

timpani

ingoma

drums

icuma ca musika bita piano
electrique

keyboard

icuma ca musika bita
saxophone

saxophone

umwirongi

flute

mikoro

microphone

igisamagwe
tiger

urwinjiriro
entrance

aho bafungira igikoko
cage

imparage
zebra

indya z' ibikoko
animal feed

igikoko bita panda
panda

**ibikoko**
animals

**inzovu**
elephant

**Kanguru**
kangaroo

**igikoko bita Rhynoceros**
rhino

**inguge**
gorilla

**igikoko bita ours**
bear

ingamiya

camel

inyoni bita autriche

ostrich

intare

lion

inkende

monkey

inyoni bita flamant rose

flamingo

gasuku

parrot

igikoko bita ours blanc

polar bear

inyoni bita pinguin

penguin

ifi bita requin

shark

inyoni bita paon

peacock

inzoka

snake

ingona

crocodile

umurinzi w' iratiro ry' ibikoko

zookeeper

igikoko bita phoque

seal

igikoko bita jaguar

jaguar

ubwoko bw' ifarasi bita pony

pony

ingwe

leopard

imvubu

hippo

umusumbarembo

giraffe

agaca

eagle

ingurube y' ishamba

boar

ifi

fish

akanyamasyo

turtle

igikoko bita morse

walrus

imbwebwe

fox

ingeregere

gazelle

urukino rwa football yo muri amerika
American football

ugusiganwa ku makinga
cycling

urukino rwa tennis
tennis

urukino rwa basketball
basketball

koga
swimming

urukino rw' ingumu
boxing

urukino rwa ice-hockey
ice hockey

umupira w'amaguru

soccer

urukino rwa badminton

badminton

ubunonotsi

athletics

urukino rwa handball

handball

urukino rwa ski

skiing

urukino rwa Polo

polo

gutwenga
laugh

gusimba
jump

kugumbirana
hug

kugenda
walk

kuririmba
sing

kurota
dream

gusenga
pray

gusoma
kiss

kwandika

write

gucapa

draw

kwereka

show

gusuguma

push

gutanga

give

gutora

take

kugira

have

kugira

do

kuba

be

guhagarara

stand

kwiruka

run

gukwega

pull

guta

throw

gutemba

fall

kurambarara hasi

lie

kurindira

wait

gutwara

carry

kwicara

sit

kwambara

get dressed

kuryama

sleep

kuvyuka

wake up

**kuraba**

look at

**kurira**

cry

**kwagaza**

stroke

**gusokoza**

comb

**kuvuga**

talk

**gutahura**

understand

**kubaza**

ask

**kumviriza**

listen

**kunywa**

drink

**gufungura**

eat

**gutondeka**

tidy up

**gukunda**

love

**guteka**

cook

**gutwara**

drive

**kuguruka**

fly

kugira siporo bita voile

sail

guharura

calculate

gusoma

read

kwiga

learn

gukora

work

kurongora

marry

gushona

sew

kwijigitura

brush teeth

kwica

kill

kunywa itabi

smoke

kurungika

send

nyokuru
grandmother

sokuru
grandfather

data
father

mama
mother

ikobondo
baby

umukobwa
daughter

umuhungu
son

umushitsi

guest

masenge

aunt

marume

uncle

musaza w' umuntu

brother

mushiki w' umuntu

sister

agahanga
forehead

ijisho
eye

urutugu
shoulder

urutoki
finger

isura
face

agasakanwa
chin

ikiganza
hand

agatuntu
breast

ukuguru
leg

ukuboko
arm

ikobondo

baby

umugabo

man

umugore

woman

umwigeme

girl

umuhungu

boy

umutwe

head

**umugongo**

back

**inda**

belly

**umukondo**

navel

**ino**

toe

**agatsintsiri**

heel

**igufa**

bone

**ku mafyigo**

hip

**ivi**

knee

**inkokora**

elbow

**izuru**

nose

**igisusu**

buttocks

**urukoba**

skin

**itama**

cheek

**ugutwi**

ear

**umunwa**

lip

**umubiri - body**

umunwa

mouth

iryinyo

tooth

ururimi

tongue

ubwonko

brain

umutima

heart

umutsi

muscle

ihaha

lung

igitigu

liver

umushishito

stomach

amafyigo

kidneys

kurangura amabanga
y'abubatse

sex

agapfuko

condom

imbuto y' umugore

ovum

imbuto y'umugabo

semen

imbanyi

pregnancy

kuja mu kwezi

menstruation

igituba

vagina

imboro

penis

ingohe

eyebrow

umushatsi

hair

izosi

neck

ibitaro
hospital

rusehabaniha
ambulance

agakinga kabagwayi
wheelchair

Kuvunika
fracture

umuganga

doctor

mundembe

emergency room

umuforomokazi

nurse

irijanse

emergency

guta ubwenge

unconscious

ububabare

pain

igikomere

injury

kuva amaraso

bleeding

uguhagarara k' umutima

heart attack

kuvira indani

stroke

guhurirwa

allergy

inkorora

cough

ubushuhe bw'umubiri

fever

giripe

flu

gucibwamwo

diarrhea

kumeneka umutwe

headache

Kanseri

cancer

Diyabeti

diabetes

muganga ajejwe kubaga

surgeon

akuma ka muganga ubaga

scalpel

kubagwa

operation

sikaneri

CT

radiyogarafi

x-ray

ekogarafi

ultrasound

masike

face mask

indwara

disease

aho kurindirira

waiting room

icishimikizo

crutch

gufuka igikomere

plaster

gufuka igikomere

bandage

gutera urushinge

injection

icuma cumviriza amahaha n'umutima

stethoscope

ingovyi

stretcher

igipima umuriro w' umubiri

clinical thermometer

kuvuka

birth

umuvyibuho urengeje

overweight

igifasha umuntu kumva neza
.................
hearing aid

imiti y' ibikomere
.................
disinfectant

kwandura
.................
infection

umugera
.................
virus

umugera wa sida
.................
HIV / AIDS

ubuvuzi
.................
medicine

guhabwa urucanco
.................
vaccination

ibinini
.................
tablets

ikinini mbonezamvyaro
.................
pill

telefone itabaza
.................
emergency call

igipima umuvuduko w' amaraso
.................
blood pressure monitor

arwaye / akomeye
.................
ill / healthy

muntabare!

Help!

ikengere

alarm

igitero

assault

igitero

attack

ibihe bikomeye

danger

icanzo

emergency exit

umuriro!

Fire!

ikizimyamwoto

fire extinguisher

isanganya

accident

isanduku y' ubutabazi

first-aid kit

ubutabazi

SOS

igipolisi

police

Buraya

Europe

Uburaruko bw' amerika

North America

Ubumanuko bw' amerika

South America

Afurika

Africa

Aziya

Asia

Ositarariya

Australia

ibahari y' Antalantika

Atlantic

ibahari ya Pasifika

Pacific

ibahari y' Ubuhinde

Indian Ocean

ibahari y' Antaragitika

Antarctic Ocean

ibahari y' Aragitika

Arctic Ocean

Uburaruko bw' umubumbe
w' isi

North pole

Ubumanuko bw' umubumbe
w' isi
..................
South pole

antaragitika
..................
Antarctica

isi
..................
earth

isi
..................
land

ibahari
..................
sea

izinga
..................
island

igihugu
..................
nation

reta
..................
state

aho barabira isaha

clock face

urushinge rw' amasaha

hour hand

urushinge rw' iminota

minute hand

urushinge rw' amasegonda

second hand

ni gihe ki?

What time is it?

umunsi

day

igihe

time

ubu nyene

now

isaha ya electronique

digital watch

umunota

minute

isaha

hour

# indwi

## week

kuwa mbere
Monday

kuwa gatatu
Wednesday

kuwa gatanu
Friday

kuwa kabiri
Tuesday

kuwa gatandatu
Saturday

kuwa kane
Thursday

kuwa mungu
Sunday

ejo haheze

yesterday

ubunyene

today

ejo hazoza

tomorrow

mu gatondo

morning

sasita

noon

ku mugoroba

evening

iminsi y' ibikorwa

workdays

weekende

weekend

imvura
rain

umunywamazi
rainbow

umuyaga
wind

urubura
snow

igihe c' umwaka bita printemps
spring

igihe c' umwaka bita Automne
fall

ici
summer

igihe c' umwaka bita hiver
winter

ikirangabihe
weather forecast

igipima ubushuhe bw'
umubiri
thermometer

ubuseruko bw' izuba
sunshine

igicu
cloud

igipfungu
fog

ifira
humidity

umuravyo

lightning

inkuba

thunder

igihuhusi

storm

urubura

hail

igihuhusi bita mousson

monsoon

umwuzure

flood

ibarafu

ice

nzero

January

ruhuhuma

February

ntwarante

March

ndamukiza

April

rusama

May

ruhenshi

June

mukakaro

July

myandagaro

August

nyakanga
September

gitugutu
October

munyonyo
November

migarama
December

## forume geometrike
### shapes

umuzingi
circle

ikwadarato
square

urikiramende
rectangle

inyabutatu
triangle

umubumbe
sphere

agasandugu
cube

ibara ryera

white

ibara ry' umuhondo

yellow

ibara risa n' umucungwe

orange

ibara rya rose

pink

ibara ritukura

red

ibara rya mauve

purple

ibara ry' ubururu

blue

ibara ry'icatsi kibisi

green

ibara ry' igihogo

brown

ibara rya gris

gray

ibara ryirabura

black

**vyinshi / bikeyi**

a lot / a little

**washavuye / utekereje**

angry / calm

**mwiza / mubi**

beautiful / ugly

**intanguriro / iherezo**

beginning / end

**kinini / gitoyi**

big / small

**gikeye / cijimye**

bright / dark

**musaza w' umuntu / mushiki w' umuntu**

brother / sister

**gisukuye / gicafuye**

clean / dirty

**gikwiye / gicagatiye**

complete / incomplete

**umunsi / ijoro**

day / night

**wapfuye / ariho**

dead / alive

**cagutse / caga**

wide / narrow

**kiryoshe / kibishe**

edible / inedible

**umutima mubi / umutima mwiza**

evil / kind

**anezerewe / arambiwe**

excited / bored

**kivyibushe / conze**

fat / thin

**cambere / canyuma**

first / last

**umugenzi / umwansi**

friend / enemy

**cuzuye / kiri gusa**

full / empty

**kigumye / coroshe**

hard / soft

**kiremereye / gihwahutse**

heavy / light

**inzara / inyota**

hunger / thirst

**arwaye / akomeye**

ill / healthy

**cemewe n'amategeko / kitemewe n'amategeko**

illegal / legal

**incabwenge / ikijuju**

intelligent / stupid

**ibubamfu / iburyo**

left / right

**hafi / kure**

near / far

**gishasha / gishaje**

new / used

**ntaco / kiriho**

nothing / something

**umutama / urwaruka**

old / young

**kwatsa / kuzimya**

on / off

**kugurura / kugara**

open / closed

**gitekereje / gifise urwamo**

quiet / loud

**umutunzi / umukene**

rich / poor

**nivyo / sivyo**

right / wrong

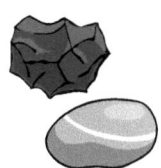

**kigoramye / kigororotse**

rough / smooth

**ashavuye / anezerewe**

sad / happy

**kigufi / kirekire**

short / long

**kigenda bukebuke / kinyaruka**

slow / fast

**gitose / cumye**

wet / dry

**gishushe buhoro / gikanye buhoro**

warm / cool

**intambara / amahoro**

war / peace

## numbers

| **0** | **1** | **2** |
|---|---|---|
| ubusa | rimwe | kabiri |
| zero | one | two |

| **3** | **4** | **5** |
|---|---|---|
| gatatu | kane | gatanu |
| three | four | five |

| **6** | **7** | **8** |
|---|---|---|
| gatandatu | indwi | umunani |
| six | seven | eight |

| **9** | **10** | **11** |
|---|---|---|
| icenda | cumi | cumi na rimwe |
| nine | ten | eleven |

**12**

cumi na kabiri

twelve

**13**

cumi na gatatu

thirteen

**14**

cumi na kane

fourteen

**15**

cumi na gatanu

fifteen

**16**

cumi na gatandatu

sixteen

**17**

cumi n' indwi

seventeen

**18**

cumi n' umunani

eighteen

**19**

cumi n' icenda

nineteen

**20**

mirongo ibiri

twenty

**100**

ijana

hundred

**1.000**

igihumbi

thousand

**1.000.000**

umuriyoni

million

# indimi

## languages

Icongereza

English

Icongereza co muri Amerika

American English

Mandare kivugwa mu bushinwa

Chinese Mandarin

Igihinde

Hindi

Ikispaniya

Spanish

Igifaransa

French

Icarabu

Arabic

Ikirusiya

Russian

Igiporitigare

Portuguese

Ikibengare

Bengali

Ikidage

German

Ikiyapani

Japanese

jewe

I

wewe

you

we / we / co

he / she / it

twebwe

we

mwebwe

you

bo

they

inde?

who?

iki?

what?

gute?

how?

hehe?

where?

ryari?

when?

izina

name

inyuma ya

behind

indani ya

in

imbere ya

in front of

hejuru ya

over

ku

on

munsi ya

under

mu mbavu ya

beside

hagati ya

between

ikibanza

place